Matthias Fiedler

L'idea del matching immobiliare innovativo: la mediazione immobiliare semplificata

Matching immobiliare: la mediazione immobiliare efficiente, semplice e professionale attraverso un portale di matching immobiliare innovativo

Colophon

1. Edizione sotto forma di libro stampato | febbraio 2017
(Originariamente pubblicato in tedesco, dicembre 2016)

© 2016 Matthias Fiedler

Matthias Fiedler
Erika-von-Brockdorff-Str. 19
41352 Korschenbroich
Germania
www.matthiasfiedler.net

Produzione e stampa:
vedere contenuto personalizzato sull'ultima pagina

Design copertina: Matthias Fiedler
Realizzazione dell'e-book: Matthias Fiedler

ISBN-13 (libro tascabile): 978-3-947082-27-8
ISBN-13 (e-book mobi): 978-3-947082-28-5
ISBN-13 (e-book epub): 978-3-947082-29-2

Informazione bibliografica della Biblioteca Nazionale Tedesca:
la Biblioteca Nazionale Tedesca include questa pubblicazione
nella bibliografia nazionale tedesca; i dati bibliografici
dettagliati sono disponibili su Internet alla pagina
http://dnb.d-nb.de

SOMMARIO

Questo libro spiega il concetto rivoluzionario riguardante un portale di matching immobiliare (app - applicazione) globale, con calcolo del notevole potenziale di giro d'affari (miliardi di euro) di questo settore, che è integrato in un software per intermediazioni immobiliari includente la valutazione immobiliare (bilioni di euro di potenziale giro d'affari).

In tal modo la mediazione di immobili residenziali e commerciali, utilizzati dal proprietario o ceduti in affitto, può essere efficiente e veloce. È il futuro della mediazione immobiliare innovativa e professionale per tutti gli agenti immobiliari e utenti immobiliari interessati. Il matching immobiliare funziona in quasi tutti i paesi e anche al di fuori dei loro confini.

Invece di "portare" gli immobili dagli acquirenti o affittuari, con il portale di matching immobiliare gli utenti immobiliari interessati vengono qualificati (profilo di ricerca) e confrontati e abbinati agli immobili oggetto di mediazione da parte degli agenti immobiliari.

CONTENUTI

PREFAZIONE

Nell'anno 2011 ho studiato a fondo e sviluppato l'idea qui descritta del matching immobiliare.

Dal 1998 lavoro nel settore immobiliare (occupandomi ad esempio di mediazione immobiliare, acquisto e vendita, valutazione, locazione e sviluppo di terreni). Tra gli altri sono specialista immobiliare (IHK), diplomato in economia immobiliare (ADI) e consulente in valutazione immobiliare (DEKRA), nonché membro dell'associazione del mercato immobiliare riconosciuta a livello internazionale della Royal Institution of Chartered Surveyors (MRICS).

Matthias Fiedler
Korschenbroich, 31.10.2016
www.matthiasfiedler.net

1. L'idea del matching immobiliare innovativo: la mediazione immobiliare semplificata

Matching immobiliare: La mediazione immobiliare efficiente, semplice e professionale attraverso un portale di matching immobiliare innovativo

Invece di "portare" gli immobili dagli acquirenti o affittuari, con il portale di matching immobiliare (app - applicazione) i gli utenti immobiliari interessati vengono qualificati (profilo di ricerca) e confrontati e abbinati agli immobili oggetto di mediazione da parte dell'agente immobiliare.

2. Obiettivi di utenti immobiliari interessati e di offerenti immobiliari

Dal punto di vista di un venditore o di un locatore immobiliare è importante vendere o affittare il proprio immobile velocemente e al prezzo più alto possibile.

Dal punto di vista di un potenziale acquirente o affittuario è importante trovare un immobile secondo i propri desideri nonché poter acquistare o affittare in modo facile e fluido.

3. Attuale procedura di ricerca immobiliare

In genere, gli utenti interessati ricercano immobili nella regione desiderata sui grandi portali immobiliari in Internet. Su di essi possono farsi inviare informazioni relative a immobili o un elenco di link relativi a immobili via email se hanno creato un profilo di ricerca breve. Ciò si verifica spesso su 2-3 portali immobiliari. Gli offerenti sono infine normalmente contattati via email. In questo modo gli offerenti hanno la possibilità e l'autorizzazione a mettersi in contatto con gli utenti interessati.

Inoltre, gli agenti immobiliari sono sporadicamente contattati nella regione preferita dagli utenti interessati e il profilo di ricerca è presentato di volta in volta.

Gli offerenti dei portali immobiliari sono di tipo privato e commerciale. Gli offerenti commerciali sono per lo più agenti immobiliari e in parte imprese di costruzione, intermediari immobiliari e altre società immobiliari (nel testo gli offerenti commerciali sono indicati come agenti immobiliari).

4. Svantaggio per gli offerenti privati/vantaggio per gli agenti immobiliari

Nel caso di immobili destinati alla vendita, da parte del venditore privato non è sempre garantita una vendita immediata, questo perché, ad esempio nel caso di un immobile ereditato, non esiste alcun accordo tra gli eredi oppure manca l'eredità. Inoltre, questioni legali irrisolte, tra cui un diritto di residenza, possono rendere una vendita più difficile.

Nel caso di immobili destinati all'affitto, può accadere che il locatore privato non abbia ottenuto le autorizzazioni ufficiali, ad esempio nel caso di un immobile (o superficie) commerciale da affittare come appartamento.

Se un agente immobiliare opera come offerente, questi ha solitamente provveduto a porre rimedio agli aspetti di cui sopra. Inoltre, tutti i documenti immobiliari pertinenti (pianta, planimetria, certificazione energetica, catasto, documenti ufficiali, ecc.) sono spesso già stati presentati. Una vendita o un affitto pono quindi essere conclusi in modo rapido e senza complicazioni.

5. Matching immobiliare

Per ottenere un matching rapido ed efficiente tra utenti interessati e venditori o locatori è in genere importante offrire un approccio sistematizzato e professionale.

Ciò avviene tramite una procedura o procedimento reciproco tra agenti immobiliari e utenti interessati durante la fase "cerca e trova". In altre parole, invece di "portare" gli immobili dagli acquirenti o affittuari, con il portale di matching immobiliare (app - applicazione) gli utenti immobiliari interessati vengono qualificati (profilo di ricerca) e confrontati e abbinati agli immobili oggetto di mediazione da parte degli agenti immobiliari.

Nella prima fase, gli utenti interessati creano un profilo di ricerca specifico nel portale di matching immobiliare. Questo profilo di ricerca contiene circa 20 caratteristiche. Tra le altre, le seguenti caratteristiche (lista non completa) sono essenziali per il profilo di ricerca.

- Regione/Codice Postale/Luogo
- Tipo di oggetto
- Superficie del terreno
- Superficie abitabile
- Prezzo di acquisto/affitto
- Anno di costruzione
- Piano
- Numero di camere
- Affittato (sì/no)
- Cantina (sì/no)
- Balcone/terrazza (sì/no)
- Tipo di riscaldamento
- Posto auto (sì /no)

In questo caso è importante non immettere liberamente le caratteristiche, ma scegliere cliccando o aprendo il corrispondente campo caratteristica (ad esempio, tipo di oggetto) da un elenco con possibilità/opzioni predefinite (ad esempio, nel caso di tipo di oggetto: appartamento, casa unifamiliare, capannone, ufficio...).

Gli utenti interessati possono presentare ulteriori profili di ricerca. È ugualmente possibile una variazione del profilo di ricerca.

Inoltre, gli utenti interessati inseriscono i dati di contatto completi in campi predefiniti. Questi sono nome, cognome, via, numero civico, codice postale, luogo, telefono ed e-mail.
In tale contesto gli utenti interessati forniscono il loro consenso alla presa dei contatti e all'invio di informazioni su immobili adatti alle loro esigenze da parte dell'agente immobiliare.

Inoltre, gli utenti interessati stipulano un contratto con l'operatore del portale di matching immobiliare.

Nella fase successiva, attraverso un'interfaccia di programmazione di applicazione (API – Application Programming Interface), come ad esempio l'interfaccia di programmazione di applicazione "openimmo" in Germania, i profili di ricerca rimangono, non ancora visibili, a disposizione degli agenti immobiliari collegati. A tal fine occorre notare che questa interfaccia di programmazione di applicazione, sostanzialmente il fattore cruciale della trasposizione, dovrebbe supportare quasi tutti i software per intermediazioni immobiliari normalmente disponibili, nonché garantire il trasferimento. In caso contrario, ciò dovrebbe essere realizzabile a livello tecnico. Poiché già esistono interfacce di programmazione di applicazione, come la suddetta interfaccia di programmazione di applicazione "openimmo" e altre, dovrebbe essere possibile effettuare un trasferimento del profilo di ricerca.

A questo punto gli agenti immobiliari confrontano gli immobili da loro mediati con i profili di ricerca. In vista di ciò, gli immobili sono caricati nel portale di matching immobiliare e le rispettive caratteristiche confrontate e abbinate.

A confronto avvenuto si ottiene un matching con indicazioni corrispondenti in percentuale. A partire ad esempio da un matching del 50%, i profili di ricerca diventano visibili nel software per intermediazioni immobiliari.

Le singole caratteristiche sono così ponderate tra loro (sistema a punti), in modo che, dopo un confronto delle stesse, risulti una percentuale per il matching (probabilità di corrispondenza). Ad esempio, la caratteristica "tipo di oggetto" è considerata più importante rispetto alla caratteristica "superficie abitabile". Si potrebbero inoltre selezionare determinate caratteristiche (es. cantina) che tale proprietà deve avere.

Durante il confronto delle caratteristiche per il matching, occorrerebbe assicurarsi che gli agenti immobiliari abbiano unicamente accesso alle proprie regioni desiderate (prenotate). Ciò riduce le spese per il confronto tra i dati. Tanto più che i rispettivi agenti immobiliari operano molto spesso a livello regionale. In questo caso è opportuno osservare come oggi sia possibile archiviare ed elaborare grandi quantità di dati attraverso il cosiddetto "cloud".

Per garantire una mediazione immobiliare professionale, solo gli agenti immobiliari hanno accesso ai profili di ricerca.

A questo scopo gli agenti immobiliari stipulano un contratto con l'operatore del portale di matching immobiliare.

Dopo il rispettivo confronto/matching, gli agenti immobiliari possono contattare gli utenti interessati e viceversa gli utenti interessati possono contattare gli agenti immobiliari. Ciò significa anche, se gli agenti immobiliari hanno inviato una breve descrizione agli utenti interessati, che è documentata una certificazione di attività o la rivendicazione da parte degli agenti immobiliari della loro provvigione di mediazione nel caso di una vendita o di un affitto.

Ciò implica che il proprietario (venditore o locatore) deleghi l'agente immobiliare alla mediazione dell'immobile o che esista un accordo per cui quest'ultimo può proporre l'immobile.

6. Ambiti di applicazione

Il matching immobiliare qui descritto trova applicazione tra gli immobili destinati all'acquisto e all'affitto nel settore immobiliare residenziale e commerciale. Per gli immobili commerciali sono necessarie ulteriori caratteristiche immobiliari.

Dal canto suo, l'utente interessato può anche essere, come è pratica comune, un agente immobiliare, se questi opera ad esempio per conto di clienti.

A livello spaziale, il portale di matching immobiliare può essere diffuso in quasi tutti i paesi.

7. Vantaggi

Questo matching immobiliare offre grandi vantaggi per gli utenti interessati se essi stanno a esempio cercando un immobile nella loro regione (luogo di residenza) o, nel caso di un cambiamento professionale, in una città/regione diversa.

Essi creano il loro profilo di ricerca una sola volta e ricevono informazioni su immobili adatti alle loro esigenze da parte degli agenti immobiliari operanti nella regione desiderata.

Per gli agenti immobiliari si profilano così grandi vantaggi in termini di efficienza e risparmio di tempo per la vendita o l'affitto.

Essi ottengono da subito una panoramica sull'entità del potenziale di specifici utenti interessati agli immobili da loro proposti di volta in volta.

Inoltre, gli agenti immobiliari possono rivolgersi direttamente (incluso con l'invio di una breve descrizione dell'immobile) al loro rispettivo gruppo di riferimento, che ha fornito precise indicazioni circa l'immobile desiderato completando un profilo di ricerca.

In questo modo aumenta la qualità dei contatti con utenti interessati che sanno cosa stanno cercando. Si riduce così il numero dei successivi appuntamenti dedicati alle visite. Di conseguenza si riduce il periodo di commercializzazione complessivo degli immobili oggetto di mediazione.

A seguito della visita degli immobili oggetto di mediazione da parte degli utenti interessati, segue, come di consueto, la stipula di un contratto di acquisto o di locazione.

8. Esempio di calcolo (potenziale) (solo case e appartamenti occupati dai proprietari (a esclusione di case e appartamenti affittati, nonché di immobili commerciali))

Nell'esempio seguente emerge il potenziale del portale di matching immobiliare.

Un bacino d'utenza di 250.000 abitanti, come quello della città di Mönchengladbach, comprende un numero statisticamente arrotondato di 125.000 nuclei familiari (2 residenti per nucleo familiare). La percentuale media dei traslochi è pari a circa il 10%. Ciò implica il trasferimento di 12.500 famiglie all'anno. In questo caso non è stato considerato il bilancio tra gli arrivi a Mönchengladbache e le partenze da essa. Ne deriva che circa 10.000 nuclei familiari (80%) sono alla ricerca di un immobile da affittare e circa altri 2.500 (20%) di un immobile da acquistare.

Secondo il rapporto del mercato immobiliare del Comitato di Esperti della Città di Mönchengladbach, nel 2012 si sono verificati 2.613 casi di acquisto di immobili. Ciò è confermato dal suddetto numero di 2.500 potenziali acquirenti. Ciò è di fatto più che altro dovuto, ad esempio, al fatto che non tutti gli utenti interessati avranno trovato un immobile. A scopo di stima, il numero di effettivi utenti interessati è raddoppiato rispetto al numero concreto di profili di ricerca in modo da corrispondere alla percentuale media di traslochi del 10% circa, vale a dire 25.000 profili di ricerca. Ciò implica, tra l'altro, che gli utenti interessati creino più profili di ricerca nel portale di matching immobiliare.

Vale inoltre la pena notare che finora, sulla base dell'esperienza, circa la metà degli utenti interessati (acquirenti e affittuari) ha trovato un immobile tramite un agente immobiliare, per un totale complessivo di 6.250 nuclei familiari.

L'esperienza dimostra che almeno il 70% dei tutti i nuclei familiari ha tuttavia effettuato ricerche su portali immobiliari in Internet, per un totale di 8.750 nuclei familiari (equivalenti a 17.500 profili di ricerca).

Se il 30% di tutti gli utenti interessati, cioè 3.750 nuclei familiari (pari a 7.500 profili di ricerca) in una città come Mönchengladbach, creasse il profilo di ricerca tramite il portale di matching immobiliare (app - applicazione), gli agenti immobiliari collegati potrebbero proporre immobili adatti alle esigenze di 1.500 profili di ricerca concreti (20%) di potenziali acquirenti e di 6.000 profili di ricerca concreti (80%) di potenziali affittuari all'anno.

In altre parole, nel caso di una durata di ricerca media di 10 mesi e di un prezzo ad esempio di 50 € al mese per ogni profilo di ricerca creato dagli utenti interessati, per 7.500 profili di ricerca risulta un potenziale di vendita di € 3.750.000 all'anno in una città di 250.000 abitanti.

Effettuando una stima sulla Repubblica Federale Tedesca, con un numero arrotondato di 80.000.000 (80 milioni) abitanti, ciò equivale a un potenziale di vendita di € 1.200.000.000 (€ 1,2 miliardi) all'anno. Se invece del 30% di tutti gli utenti interessati, ad esempio il 40% di tutti gli utenti interessati, ricerca un immobile attraverso il portale di matching immobiliare, il potenziale di vendita aumenta a € 1.600.000.000 (€ 1,6 miliardi) all'anno.

Questo potenziale di vendita si riferisce solo ad appartamenti e case occupati dai proprietari. Gli immobili destinati all'affitto o alla rendita nel settore immobiliare residenziale e nell'intero settore immobiliare commerciale non sono inclusi nel calcolo di questo potenziale.

Con un numero pari a circa 50.000 aziende in Germania nel campo della mediazione immobiliare (comprese imprese di costruzione partecipanti, intermediari immobiliari e altre società immobiliari) con circa 200.000 dipendenti e una percentuale di esempio del 20% di queste 50.000 aziende che utilizzano questo portale di matching immobiliare con una media di 2 licenze, con un prezzo di esempio di € 300 al mese per ogni licenza risulta un potenziale di vendita di € 72.000.000 (€ 72 milioni) all'anno. Dovrebbe inoltre avvenire una prenotazione regionale per i profili di ricerca locali, in modo da poter in questo caso generare ulteriore potenziale di vendita significativo in funzione delle circostanze.

Grazie a questo grande potenziale di utenti interessati con profili di ricerca concreti, gli agenti immobiliari non devono più aggiornare costantemente i propri database di utenti interessati, se disponibili. Tanto più che questo numero di profili di ricerca correnti supererà molto probabilmente il numero di profili di ricerca creati da molti agenti immobiliari nei loro database.

Nel caso in cui questo portale di matching immobiliare innovativo trovasse applicazione in diversi paesi, gli utenti interessati in Germania potrebbero ad esempio creare un profilo di ricerca per appartamenti vacanze sull'isola mediterranea di Mallorca (Spagna) e gli agenti immobiliari collegati di Maiorca potrebbero proporre via email l'appartamento adatto alle esigenze degli utenti interessati tedeschi. Se le brevi descrizioni inviate sono scritte in spagnolo, oggi gli utenti interessati possono ottenere la rapida traduzione in tedesco del testo con l'ausilio di programmi di traduzione reperibili in Internet.

Per poter realizzare senza limiti linguistici il matching di profili di ricerca con immobili oggetto di mediazione, all'interno del portale di matching immobiliare è possibile effettuare un confronto tra le rispettive caratteristiche sulla base delle caratteristiche programmate (matematiche) indipendentemente dalla lingua e la lingua corrispondente sarà assegnata in seguito.

Nel caso di un'applicazione del portale di matching immobiliare in tutti i continenti, il suddetto potenziale di vendita (solo interessati alla ricerca), si prospetterebbe, con stima molto semplificata, come segue.

Popolazione mondiale:
7.500.000.000 (7,5 miliardi) di abitanti

1. Popolazione nei paesi industrializzati e nei paesi ampiamente industrializzati:
2.000.000.000 (2,0 miliardi) di abitanti

2. Popolazione nei paesi emergenti:
4.000.000.000 (4,0 miliardi) di abitanti

3. Popolazione nei paesi in via di sviluppo:
1.500.000.000 (1,5 miliardi) di abitanti

Il potenziale di vendita annuo della Repubblica Federale Tedesca per un ammontare di € 1,2 miliardi con 80 milioni di abitanti è ripartito o calcolato, tenendo contro dei seguenti fattori, sui paesi industrializzati, emergenti e in via di sviluppo.

1. Paesi industrializzati: 1,0

2. Paesi emergenti: 0,4

3. Paesi in via di sviluppo: 0,1

Risulta così il seguente potenziale di vendita annuo (€ 1,2 miliardi x popolazione (paesi industrializzati, emergenti o in via di sviluppo) / 80 milioni di abitanti x fattore).

1. Paesi industrializzati: 30,00 miliardi di €

2. Paesi emergenti: 24,00 miliardi di €

3. Paesi in via di sviluppo: 2,25 miliardi di €

Totale: **56,25 miliardi di €**

9. Conclusioni

Con il portale di matching immobiliare illustrato, si prospettano vantaggi significativi per chi ricerca immobili (utenti interessati) e per gli agenti immobiliari.

1. Gli utenti interessati riducono significativamente il tempo per la ricerca di immobili adatti, poiché gli utenti interessati creano il loro profilo di ricerca una sola volta.

2. Gli agenti immobiliari ottengono una panoramica complessiva del numero di utenti interessati che abbiano già espresso preferenze specifiche (profilo di ricerca).

3. Gli utenti interessati ottengono risultati soltanto sugli immobili desiderati o adatti alle loro esigenze (come definito dal profilo di ricerca) presentati da tutti gli

agenti immobiliari (una sorta di selezione automatica).

4. Gli agenti immobiliari riducono le spese per la gestione dei loro singoli database di profili di ricerca avendo sempre a disposizione un numero molto elevato di profili di ricerca attuali.

5. Poiché sul portale di matching immobiliare sono collegati solo offerenti/agenti immobiliari commerciali, gli utenti interessati hanno a che fare con mediatori immobiliari professionali e spesso con esperienza.

6. Gli agenti immobiliari riducono il numero di appuntamenti dedicati alle visite e in generale la durata della commercializzazione. Dall'altra parte si riducono anche, per quanto riguarda gli utenti interessati, il numero di appuntamenti dedicati alle visite e il tempo

necessario alla stipula del contratto di acquisto o di locazione.

7. Anche i proprietari degli immobili da vendere o da affittare ottengono un risparmio di tempo. Senza contare un locale disabitato in meno nel caso di immobili affittati e un versamento del prezzo di acquisto anticipato nel caso di immobili acquistati attraverso una procedura di affitto o vendita più rapida, nonché un vantaggio finanziario.

Con la realizzazione o l'attuazione di questa idea del matching immobiliare è possibile fare un significativo passo avanti nella mediazione immobiliare.

10. Integrazione del portale di matching immobiliare in un nuovo software per intermediazioni immobiliari includente la valutazione immobiliare

Infine, il portale di matching immobiliare qui descritto può o dovrebbe fin da subito costituire un componente costitutivo fondamentale di un nuovo software per intermediazioni immobiliari idealmente utilizzabile a livello globale. In altre parole, gli agenti immobiliari possono utilizzare o il portale di matching immobiliare in aggiunta al software di intermediazione immobiliare che già utilizzato oppure, idealmente, il nuovo software di intermediazione immobiliare includente il portale di matching immobiliare.

Attraverso l'integrazione di questo portale di matching immobiliare efficiente e innovativo nel proprio software di intermediazione immobiliare, si crea una caratteristica distintiva fondamentale per il software di intermediazione immobiliare, che sarà essenziale per la penetrazione nel mercato.

Poiché nella mediazione immobiliare la valutazione immobiliare è e rimane sempre un componente costitutivo fondamentale, sarebbe assoluamente opportuno integrare uno strumento di valutazione immobiliare nel software di intermediazione immobiliare. La valutazione immobiliare con i calcoli corrispondenti può intervenire sui dati/parametri pertinenti derivati dagli immobili immessi/creati dall'agente immobiliare attraverso controlli incrociati. Allo stesso modo, l'agente immobiliare inserirà eventuali parametri mancanti grazie alle sue competenze riguardo al mercato regionale.

Inoltre, nel software di intermediazione immobiliare dovrebbe esserci la possibilità di integrare i cosiddetti tour virtuali di immobili oggetto di mediazione. In questo senso, ciò potrebbe ad esempio essere facilmente attuato, poiché per il telefono cellulare e/o per il tablet sarà sviluppata una app aggiuntiva (applicazione) che, dopo la corretta inclusione del tour virtuale di un immobile, integra o implementa ampiamente quest'ultimo in modo automatico nel software di intermediazione immobiliare.

Se il portale di matching immobiliare efficiente e innovativo è implementato in un nuovo software per intermediazioni immobiliari oltre alla valutazione immobiliare, il possibile potenziale di vendita aumenta in maniera ancora più decisa.

Matthias Fiedler
Korschenbroich, 31.10.2016

Matthias Fiedler
Erika-von-Brockdorff-Str. 19
41352 Korschenbroich
Germania
www.matthiasfiedler.net

www.ingramcontent.com/pod-product-compliance
Lightning Source LLC
Chambersburg PA
CBHW071524210326
41597CB00018B/2883